El suelo

Tierra y arena

por Natalie M. Rosinsky
ilustrado por Sheree Boyd
Traducción: Sol Robledo

Asesor de contenido: Edward Schneider, M.S., Minnesota Department of Health
Asesora de lectura: Lauren A. Liang, M.A., Alfabetizadora, University of Minnesota, Minneapolis, Minnesota

PICTURE WINDOW BOOKS
Minneapolis, Minnesota

Redacción: Nadia Higgins
Diseño: Melissa Voda
Composición: The Design Lab
Las ilustraciones de este libro se crearon con medios digitales.
Traducción y composición: Spanish Educational Publishing, Ltd.
Coordinación de la edición en español: Jennifer Gillis/Haw River Editorial

PICTURE WINDOW BOOKS
5115 Excelsior Boulevard
Suite 232
Minneapolis, MN 55416
1-877-845-8392
www.picturewindowbooks.com

Impreso en los Estados Unidos de América.

Library of Congress Cataloging-in-Publication Data
Rosinsky, Natalie M. (Natalie Myra)
[Dirt. Spanish]
El suelo : tierra y arena / por Natalie M. Rosinsky ; ilustrado por
Sheree Boyd ; traducción, Sol Robledo.
p. cm. — (Ciencia asombrosa)
Includes index.
ISBN-13: 978-1-4048-3211-4 (library binding)
ISBN-10: 1-4048-3211-4 (library binding)
ISBN-13: 978-1-4048-2495-9 (paperback)
ISBN-10: 1-4048-2495-2 (paperback)
1. Soils—Juvenile literature. 2. Soil ecology—Juvenile literature.
I. Boyd, Sheree. II. Title.
S591.3.R6718 2007
577.5'7—dc22   2006034369

CONTENIDO

¿De qué está formada la tierra?

Escarba la tierra y saca un puñado.
Apriétala en las manos.

Dato curioso: La tierra cubre casi todo el planeta. A veces no la vemos porque está debajo del pasto, de edificios, de calles o del agua.

La tierra es una mezcla de distintos materiales de la naturaleza, como rocas que se deshacen, plantas podridas y huesos. En la tierra viven lombrices e insectos.

A la *tierra* también la llamamos suelo. Llena un frasco con suelo y ponle agua. Revuélvelo y déjalo reposar. Verás que el suelo se va a separar en capas.

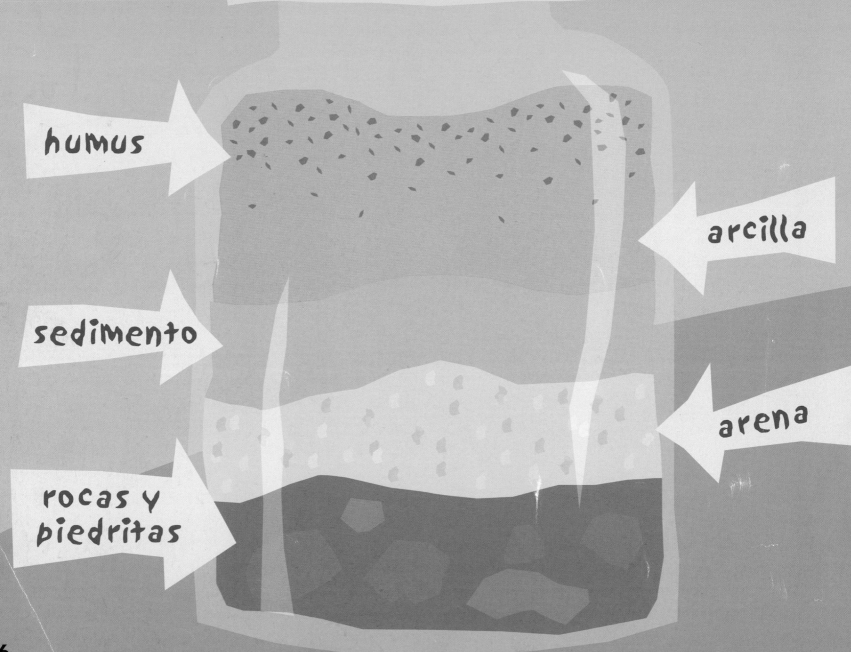

humus

arcilla

sedimento

arena

rocas y piedritas

Las rocas y las piedritas caen al fondo porque son más pesadas. Gran parte del suelo está formado de rocas.

Dato curioso: El suelo es tan interesante que los científicos lo estudian todos los días.

7

La arena, el sedimento y la arcilla son pedacitos de roca que forman el suelo. La arena es la capa que está arriba de las rocas y las piedritas.

humus

arcilla

sedimento

arena

rocas y
piedritas

Con una lupa puedes distinguir la variedad de colores que tiene la arena. Cada grano tiene su propio color. Los granos pueden ser negros, habanos, grises, rojos, verdes o morados.

8

Los granos de arena no están unidos. El agua pasa rápidamente entre ellos. Por eso la arena es seca y por eso las olas tumban los castillos de arena.

El sedimento es como la arena, pero sus granos son más pequeños. Están más juntos y retienen más agua. El sedimento es la capa que está arriba de la arena.

La arcilla es suave y pegajosa. Sus granos son más pequeños que los del sedimento. Se necesita un microscopio para verlos. La arcilla es como polvo. Hace que el agua del frasco se vea turbia.

Dato curioso: La arcilla puede ser roja, amarilla, blanca, habana, gris, negra o azul. La usamos para hacer lindos platos o recipientes.

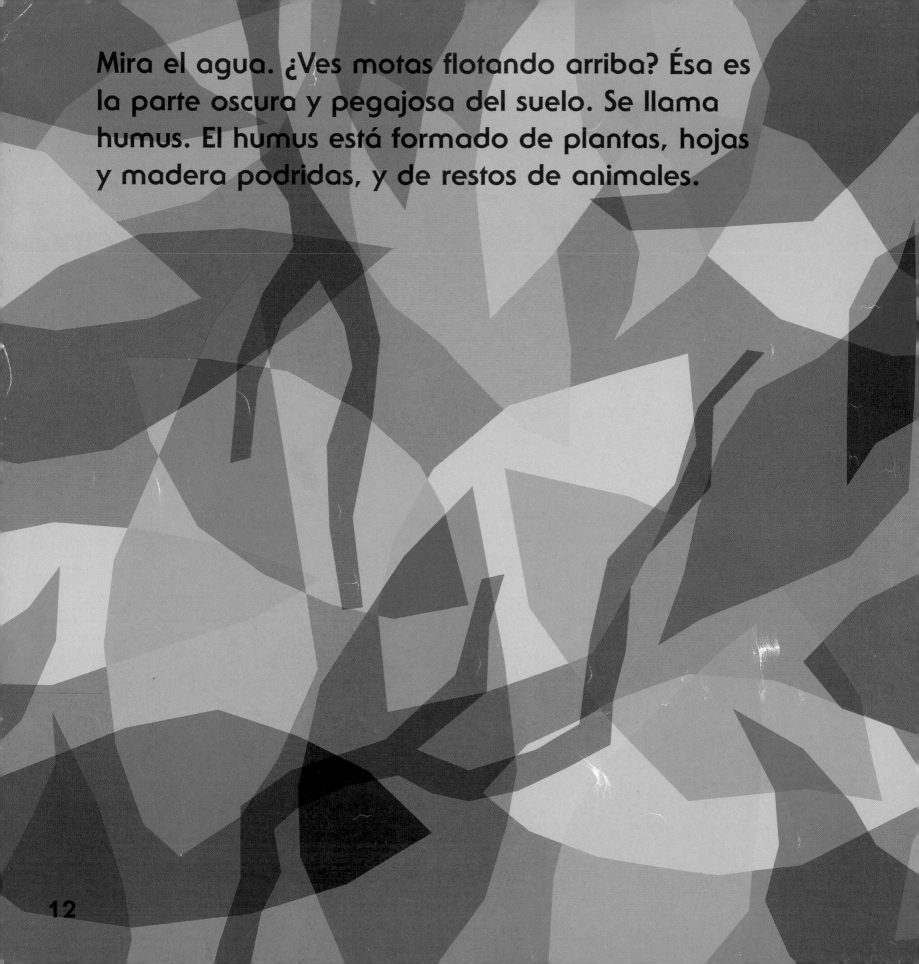

Mira el agua. ¿Ves motas flotando arriba? Ésa es la parte oscura y pegajosa del suelo. Se llama humus. El humus está formado de plantas, hojas y madera podridas, y de restos de animales.

El humus es pegajoso y une las partes rocosas del suelo. El humus tiene alimento que las plantas necesitan para crecer.

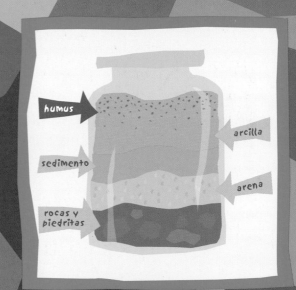

humus
arcilla
sedimento
arena
rocas y piedritas

Dato curioso: El suelo es distinto según el lugar. En un jardín es suave y apelotonado. Es una buena mezcla de humus, arena, sedimento y arcilla. El suelo del bosque es húmedo y está lleno de humus de hojas muertas. El suelo del lecho de un río es suave y tiene sedimento. El suelo del desierto es seco y arenoso.

¡Está vivo!

En el suelo viven millones de animalitos, como los escarabajos, las cochinillas de la humedad, los ciempiés y las lombrices. Otros son tan pequeños que no los podemos ver. Se llaman descomponedores.

Los descomponedores hacen el humus. Se comen las plantas muertas y dejan excremento. Ese excremento es como una vitamina para las plantas que crecen en el suelo.

Dato curioso: Las plantas consumen el alimento del humus. Los descomponedores se encargan de producir más alimento.

Los animales también ayudan a las plantas de otra forma. Las lombrices, los caracoles, las serpientes y los conejos aflojan la tierra para las plantas.

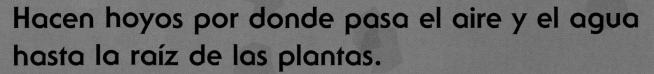

Hacen hoyos por donde pasa el aire y el agua hasta la raíz de las plantas.

Dato curioso: Después de la lluvia se ven muchas lombrices. La lluvia llena los espacios vacíos del suelo y las lombrices tienen que salir a respirar.

Cuidemos el suelo

La capa superior del suelo tiene humus, agua y aire. Ésta es la mejor capa para las plantas.

Las raíces de las plantas protegen la capa superior del suelo. Las plantas y los árboles la cubren para que no se la lleve el viento o la lluvia. La pérdida de la capa superior del suelo se llama erosión. Entonces, las plantas no tienen donde crecer.

Dato curioso: Cuando las plantas consumen todo el alimento del suelo, se puede reemplazar con abono o con productos químicos. Ayudan por un tiempo, pero pueden matar a los descomponedores. Sin ellos, toma más tiempo producir más suelo.

Dependemos del suelo

El suelo da vida. Las plantas no crecen sin suelo.
Sin plantas, los animales no tienen alimento.
Y sin plantas y animales, no tenemos alimento.

Escarba la tierra. Haz una pila y písala. Deja que se te meta en los dedos de los pies. Apriétala entre las manos. Y cuando camines sobre ella recuerda toda las cosas increíbles que la naturaleza tiene para ti.

Experimentos

Excursión al suelo: Pide permiso para tomar un poco de suelo de tu escuela o tu patio. Ponlo sobre un plato de cartón. Busca hojas, palos, semillas, insectos, lombrices y piedritas. Haz una lista de todo lo que encuentres. Si no conoces el nombre de todos los animales, busca la foto en una guía y averígualo. Dibuja el animal que te parezca más interesante.

Riega agua donde quitaste el suelo. ¿Queda un charco por mucho tiempo? ¿El agua se absorbe rápidamente? ¿Qué significa eso?

¿Qué se pudre primero? Junta desperdicios de dos o tres frutas y verduras, por ejemplo, cáscaras de papa, un pedazo de durazno o una hoja de lechuga. Pídele a un adulto que te ayude a enterrar los desperdicios afuera. Entiérralos cerca, pero en hoyos distintos, del mismo tamaño y que no sean profundos. Después ponles una piedra encima para que sepas dónde los enterraste.

Espera una semana. Después desentiérralos. ¿Cuál se pudrió más? Cubre los desperdicios de nuevo y deja pasar otra semana. ¿Encontraste lombrices, insectos u otros descomponedores? Revisa los desperdicios cada semana. ¿Cuánto tiempo toma ver una diferencia clara en los desperdicios que enterraste?

Repite el mismo experimento si hay distintos tipos de suelo cerca. ¿Qué tipo de suelo hace que los desperdicios se pudran más rápido?

Datos sobre el suelo

El avance de los desiertos: Algunos desiertos eran bosques o praderas verdes. Cuando cortamos o quemamos los bosques, la tierra se erosiona fácilmente.

Cuando el suelo desaparece, no crecen plantas. Las plantas conservan la humedad del aire cerca del suelo. También nos dan sombra y evitan que el suelo se seque. Sin plantas, la tierra se seca y se vuelve desierto.

Los días de polvo: Durante la década de 1930 llovió muy poco en los Estados Unidos. Como los agricultores no usaban buenas técnicas de cultivo, buena parte de la capa superior del suelo voló. Se formaron tormentas de polvo y el ganado murió al respirarlo. La tierra del Medio Oeste voló hasta Washington, D.C.

Después de las tormentas de polvo, los agricultores plantaron árboles a las orillas de los campos. Los árboles frenan el viento y disminuyen la erosión. Hoy todavía se ven líneas de árboles alrededor de los campos.

El suelo se mueve: La erosión se lleva miles de toneladas de la capa superior del suelo cada año. Los vientos se llevan el suelo y la lluvia lo arrastra a ríos y riachuelos. La erosión también desgasta las rocas. El Gran Cañón se formó porque el agua de un río desgastó las rocas durante miles de años.

Glossario

abono—mezcla de excremento animal y tierra que alimenta las plantas

erosión—desgaste del suelo por el agua y el viento

erosionar—desgastar

humus—parte húmeda y oscura del suelo que está formada de plantas podridas y restos de animales podridos. El humus tiene alimento que las plantas necesitan.

sedimento—capa del suelo de granos más pequeños que la arena y más grandes que la arcilla. El sedimento está formado de rocas pequeñitas.

En la red

FactHound ofrece un medio divertido y confiable de buscar portales de la red relacionados con este libro. Nuestros expertos investigan todos los portales que listamos en FactHound.

1. Visite *www.facthound.com*
2. Escriba una palabra relacionada con este libro o escriba este código: 1404800123
3. Oprima el botón FETCH IT.

¡FactHound, su buscador de confianza, le dará una lista de los mejores portales!

Aprende más

En la biblioteca

Domínguez, Patricia. *El suelo.* México: Santillana, 2004.

Gordon, Maria. *Rocas y tierra.* España, Edelvives, 1996.

Mayes, Susan. *¿Qué hay debajo de la tierra?* Argentina: Lumen, 1996.

Busca más libros de la serie Ciencia asombrosa:

El aire: Afuera, adentro y en todos lados
El agua: Arriba, abajo y en todos lados
El movimiento: Tira y empuja, rápido y despacio
El sonido: Fuerte, suave, alto y bajo
Imanes: Atraen y rechazan
La electricidad: Focos, pilas y chispas
La energía: Calor, luz y combustible
La luz: Sombras, espejos y arco iris
La materia: Mira, toca, prueba, huele
Las rocas: Duras, blandas, lisas y ásperas
La temperatura: Caliente y frío

Índice